ORGANISATION ET COMPTABILITÉ
DES
ASSAUTS COMPLETS

ORGANISATION ET COMPTABILITÉ

DES

ASSAUTS COMPLETS

MANUEL PRATIQUE

PAR

M. Désiré ANDRÉ

CHEVALIER DE LA LÉGION D'HONNEUR
OFFICIER DE L'INSTRUCTION PUBLIQUE

※

PARIS
BELIN FRÈRES, ÉDITEURS
52, RUE DE VAUGIRARD

1900

INTRODUCTION

INTRODUCTION

1. — Dans tout ce qui va suivre, nous appellerons *jeu* un combat entre deux tireurs; *assaut* un ensemble de plusieurs jeux.

Les assauts ainsi définis sont de deux sortes. Les uns ont pour objet unique de récréer leurs acteurs et leurs spectateurs : ce sont les assauts de *récréation,* d'agrément; les autres ont pour but principal de classer les tireurs par ordre de mérite : ce sont les assauts de *classement,* de concours.

2. — Tels qu'on les pratique d'ordinaire, les assauts de classement sont *complets* ou *partiels :* complets, s'ils comprennent tous les jeux possibles entre les tireurs; partiels, s'ils n'en comprennent que quelques-uns.

L'assaut partiel est, en général, éliminatoire. Après les premières épreuves, il ne reste en présence que la moitié des tireurs; après les deuxièmes, il n'en reste que le quart; après les troisièmes, que le huitième; et ainsi de suite. L'assaut partiel est difficile à organiser. Il ne peut s'effectuer régulièrement que si le nombre total des tireurs est l'un des nombres, *quatre, huit, seize, trente-deux,* etc., etc...

L'assaut complet peut s'effectuer régulièrement, quel que soit le nombre des tireurs. Il ne comporte aucune élimination. Chaque tireur s'y bat successivement avec tous les autres. Le nombre des jeux n'y est autre chose que le nombre total des manières d'associer les tireurs deux à deux.

3. — Beaucoup de personnes, desquelles nous sommes, pensent que, en escrime, comme forme de concours et moyen d'appréciation, de comparaison, de classement, l'assaut complet est supérieur à l'assaut partiel. Etant donnés, disent-elles, trois tireurs A, B, C, de ce que A a été vainqueur de B, et B vainqueur de C, il ne suit pas forcément que A sera vainqueur de C. Ce raisonnement nous semble fondé.

4. — Dans l'étude des assauts complets, le premier problème qui se pose est celui-ci :
Connaissant le nombre des tireurs qui prennent part à un assaut complet, calculer, pour cet assaut complet, le nombre total des jeux.
On y parvient en appliquant la règle suivante :
On multiplie le nombre total des tireurs par le nombre immédiatement inférieur, et l'on prend la moitié du produit ainsi obtenu.
Si, par exemple, il y a 8 tireurs, on multiplie 8 par le nombre immédiatement inférieur, c'est-à-dire par 7. Le produit ainsi obtenu est 56. On prend la moitié de 56 : elle est 28. Tel est le nombre total des jeux de l'assaut complet entre 8 tireurs.
Il est à remarquer que ce nombre total des jeux

augmente beaucoup plus vite que le nombre des tireurs. Pour 7 tireurs, il y a 21 jeux; pour 10 tireurs, il y en a 45; pour 20 tireurs, il y en a 190.

C'est le grand nombre de ces jeux qui rend assez difficiles l'*Organisation* et la *Comptabilité* des assauts complets.

5. — Nous venons d'étudier en deux Mémoires[1], d'une façon toute mathématique, ces deux questions de l'Organisation et de la Comptabilité des assauts complets. Nous avons trouvé, pour les résoudre, des procédés rapides, sûrs, tout à fait pratiques. Ce sont ces procédés que nous allons exposer, en les dépouillant de tout appareil scientifique, et en nous efforçant, par beaucoup d'explications, de redites et d'exemples, d'en rendre également faciles l'intelligence et l'application.

---

1. Bulletin de la Société philomathique de Paris (année 1898-1899).

PREMIÈRE PARTIE

Organisation des assauts complets.

I

Définition et notations.

6. — *Organiser un assaut complet*, c'est former le tableau de tous les jeux qui constituent cet assaut; c'est de plus, en même temps, et sous certaines conditions, disposer ces différents jeux en une série unique, ou bien les distribuer en un certain nombre de groupes.

7. — Pour rendre cette opération moins difficile, et surtout pour abréger les écritures, nous représenterons les tireurs participant à l'assaut complet par les premières lettres de l'alphabet.
S'il y a *huit* tireurs, nous les représenterons donc par les *huit* premières lettres :

$$A, B, C, D, E, F, G, H,$$

qui leur correspondront respectivement.
La première chose à faire pour organiser l'assaut, ce sera de dresser la liste de tous les tireurs en les désignant par leurs noms, puis, en face de chacun de ces noms, d'écrire la lettre correspondante. C'est cette lettre qui, à partir de cet instant, remplacera pour nous le nom même du tireur. Dans ce qui va suivre,

quand nous parlerons des noms des tireurs, il faudra entendre, non pas ces noms eux-mêmes, mais les lettres qui en tiennent lieu.

Pour désigner le combat entre les deux tireurs B et G, nous dirons indifféremment le jeu BG, ou le jeu GB.

II

Moyen de disposer les jeux en une série.

8. — Pour que l'assaut complet constitue un moyen de classement tout à fait équitable, il convient que les jeux dont il se compose soient tous vus et appréciés par les mêmes juges. Il ne faut donc jamais que deux ou plusieurs de ces jeux aient lieu simultanément; il faut donc, en d'autres termes, qu'ils aient lieu les uns après les autres et qu'ils forment, dans le temps, ce qu'on appelle une série linéaire.

Mais, dans cette série, les jeux se peuvent-ils succéder au hasard, dans un ordre arbitraire? Evidemment non. Il serait injuste, en effet, qu'un tireur qui vient de se battre avec un adversaire se battît immédiatement avec un autre : ce tireur, lors de son second combat, serait dans un état certain d'infériorité.

On est donc conduit, pour bien ordonner la série entière des jeux, à résoudre ce problème :

Disposer tous les jeux constituant l'assaut complet à la suite les uns des autres, dans un ordre tel que deux jeux consécutifs quelconques ne comprennent jamais un même tireur.

9. — Dans le cas de deux tireurs, il n'y a qu'un jeu : ce problème ne se pose même pas.

Dans le cas de *trois* tireurs, il y a *trois* jeux : le problème se pose, mais il est impossible.

Dans le cas de *quatre* tireurs, il y a *six* jeux : le problème se pose, mais il est encore impossible.

Il n'y a donc à considérer que les cas où le nombre des tireurs est, au moins, égal à *cinq*. Dans notre Mémoire sur l'*Organisation des assauts complets*[1], nous avons étudié ces derniers cas avec tout le détail nécessaire. Ici, nous allons exposer, pour ces mêmes cas, le moyen pratique d'ordonner, conformément à nos conditions, la série entière des jeux.

10. — Supposons le nombre des tireurs égal à *cinq*. Le nombre des jeux constituant l'assaut complet sera égal à *dix*. Si nous désignons nos *cinq* tireurs par les *cinq* premières lettres :

A, B, C, D, E

de notre alphabet, ces *dix* jeux seront les suivants :

AB, CD, EA, BC, DE,
AC, BD, CE, DA, EB.

Ils sont disposés, on le voit, sur deux lignes de *cinq* jeux. Il suffit d'*écrire la seconde de ces lignes à la suite de la première*, pour obtenir ce que nous cherchons, c'est-à-dire une série unique, présentant nos *dix* jeux,

---

1. Société philomathique de Paris (1898-1899).

et où deux jeux consécutifs quelconques ne comprennent jamais un même tireur.

11. — Si le nombre des tireurs dépassait *cinq*, s'il était par exemple égal à *huit*, on n'aurait qu'à prendre, parmi les tableaux placés à la fin de ce petit livre, celui qui correspond au cas de *huit* tireurs, et à *placer les unes à la suite des autres, dans leur ordre même, toutes les lignes dont il est composé.*

D'ailleurs, si l'on ne possédait point le tableau correspondant au cas de *huit* tireurs, on pourrait facilement le construire. Il suffirait d'appliquer les règles que nous allons donner pour distribuer en plusieurs groupes les jeux d'un assaut complet.

III

Nécessité du groupement des jeux.

— **12.** — Comme nous l'avons vu (4), lorsque le nombre des tireurs dépasse *sept* ou *huit*, le nombre des jeux constituant l'assaut complet devient assez considérable. Il est donc impossible, puisqu'on les effectue successivement, de les effectuer tous en une seule fois, par exemple en un seul jour. Il convient donc de les distribuer en plusieurs *groupes,* les jeux composant un même groupe s'effectuant les uns après les autres, sans interruption; mais deux groupes consécutifs étant toujours séparés par un repos de durée assez grande. Il convient aussi que chaque groupe comprenne, s'il est possible, tous les tireurs, et ne comprenne aucun d'eux plus d'une fois.

13. — Pour opérer ce partage en groupes, ou, comme nous dirons souvent, ce *groupement*, on pourrait procéder par essais réitérés; mais ce serait un vrai *jeu de patience*, c'est-à-dire un moyen long, pénible, peu sûr. Je vais donner deux manières de grouper l'ensemble des jeux, que j'ai fait connaître il y a quelques mois[1], qui sont simples, faciles, exemptes de tout tâtonnement, et qui se rapportent : l'une, au cas où il y a un nombre *impair* de tireurs; l'autre, à celui où il y en a un nombre *pair*.

---

[1]. Dans mon Mémoire sur l'*Organisation des assauts complets*.

IV

Manière de grouper les jeux dans le cas d'un nombre impair de tireurs.

14. — Supposons un nombre impair de tireurs, par exemple *sept;* et représentons ces *sept* tireurs par les *sept* premières lettres

A, B, C, D, E, F, G.

Comme nous l'avons déjà dit (4), le nombre total des jeux sera *vingt et un*. L'ensemble de tous ces jeux pourra se partager en *sept* groupes de *trois* jeux.

Chacun de ces groupes, contenant *trois* jeux, comprendra *six* tireurs. Il faudra qu'un même tireur n'y tire qu'une fois; par conséquent, que les *six* tireurs soient différents; par conséquent, que tous les tireurs y prennent part, à l'exception d'un seul.

Nos *sept* groupes se distingueront les uns des autres par le nom du tireur qui y manquera. Il y aura le groupe A, où manquera le tireur A; le groupe B, où manquera le tireur B; le groupe C, où manquera le tireur C; et ainsi de suite.

15. — Pour réaliser ce mode de groupement, il s'agit donc de distribuer nos *vingt et un* jeux en *sept* groupes, à raison de *trois* jeux par groupe, de telle façon que chaque groupe contienne *six* tireurs différents, et que le tireur manquant dans un groupe figure dans tous les autres.

Le problème revient donc à savoir former le groupe correspondant à chaque tireur. Nous allons donner, pour y parvenir, une règle exempte de tout tâtonnement. Nous la donnerons : d'abord, sous forme algébrique ; ensuite, sous forme géométrique.

16. — Soit, par exemple, à former, par voie algébrique, celui des *sept* groupes qui ne contient pas la lettre C.

J'écris les *sept* lettres données sur une ligne, en commençant par C et en suivant l'ordre alphabétique, c'est-à-dire en écrivant d'abord CDEFG, et ensuite, en recommençant par A, les deux lettres A et B. J'obtiens ainsi la suite :

CDEFGAB ;

j'y supprime la lettre C qui doit manquer ; j'écris les trois lettres suivantes en les espaçant, de cette façon :

D   E   F ;

enfin, revenant sur mes pas, j'écris à la droite respectivement des *trois* lettres déjà placées, les *trois* dernières lettres G, A, B. Je forme ainsi les *trois* jeux :

DB   EA   FG.

Ils constituent ensemble le groupe demandé, le groupe où manque C.

D'une manière générale, le nombre des tireurs

— 22 —

étant un nombre impair quelconque, cette règle algébrique peut s'énoncer ainsi :

Pour obtenir le groupe où manque une lettre déterminée : on écrit toutes les lettres sur une même ligne, dans leur ordre alphabétique, en commençant par la lettre déterminée ; — supprimant cette lettre initiale, on écrit dans leur ordre, en les espaçant, les lettres composant la première moitié de la suite restante ; — enfin, en revenant sur ses pas, on écrit à la droite de ces premières lettres, dans leur ordre aussi, celles qui constituent la seconde moitié de cette suite.

17. — Soient toujours à distribuer en groupes les *vingt et un* jeux de l'assaut complet entre *sept* tireurs. Désignons toujours ces *sept* tireurs par les *sept* premières lettres :

$$A, B, C, D, E, F, G$$

de notre alphabet ; et plaçons ces *sept* lettres sur un cercle, dans leur ordre alphabétique, et à égales distances les unes des autres. Nous obtenons la figure 1, que voici, et qui nous servira pour former successivement nos *sept* groupes de *trois* jeux.

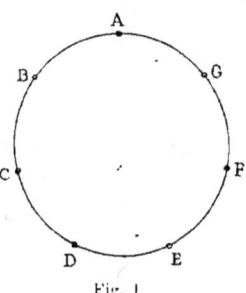

Fig. 1.

Supposons qu'il s'agisse encore de former le groupe où manque la lettre C. Nous considérons le cercle précédent (*fig.* 1) ; nous joignons par des droites, ou,

— 23 —

comme disent les géomètres, par des *cordes*, les points occupant sur ce cercle les premiers rangs de part et d'autre de C; les points occupant les deuxièmes rangs de part et d'autre de C; et ainsi de suite. Les trois cordes ainsi tracées sont parallèles entre elles. A chacune d'elles correspond un couple de lettres et, par conséquent, l'un des *vingt et un* jeux de l'assaut complet. Prises toutes ensemble, elles nous donnent les *trois* jeux constituant le groupe où manque la lettre C. La figure ainsi formée est d'ailleurs la suivante (*fig.* 2).

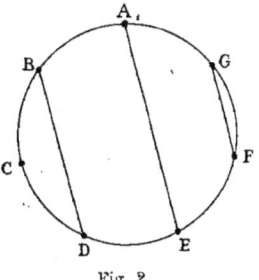

Fig. 2.

Les jeux qu'elle nous donne sont les *trois* jeux :

DB   EA   FG,

que nous avons déjà obtenus.

Sous cette forme géométrique, comme sous sa forme algébrique, notre règle est générale, c'est-à-dire indépendante du nombre impair des tireurs. Elle peut s'énoncer ainsi :

Les tireurs étant en nombre impair, et les lettres qui leur correspondent étant disposées régulièrement sur un cercle, dans leur ordre alphabétique, pour obtenir tous les jeux du groupe où l'une, déterminée, de ces lettres manque : il suffit d'associer deux à deux, en les joignant par des droites ou cordes, les points portant les lettres qui occupent, sur ce cercle, les premiers rangs de part et d'autre de la lettre déter-

minée; *les points qui occupent les deuxièmes rangs de part et d'autre de cette même lettre; et ainsi de suite. A chaque corde ainsi tracée correspond un jeu; à l'ensemble de ces cordes correspond l'ensemble des jeux constituant le groupe où manque la lettre déterminée.*

18. — Que l'on prenne la règle qui précède sous sa forme algébrique ou sous sa forme géométrique, elle nous donne, pour les *vingt et un* jeux constituant l'assaut complet entre *sept* tireurs, le tableau suivant :

BG	CF	DE
CA	DG	EF
DB	EA	FG
EC	FB	GA
FD	GC	AB
GE	AD	BC
AF	BE	CD

Sur ce tableau, on le voit, les *vingt et un* jeux sont distribués en *sept* groupes de *trois* jeux chacun; ou, pour parler conformément à l'aspect, en *sept* lignes, comprenant chacune *trois* jeux.

D'ailleurs, quelle que soit la forme algébrique ou géométrique sous laquelle on la prenne, cette règle est générale, c'est-à-dire indépendante du nombre, toujours impair, des tireurs. C'est en l'appliquant littéralement, sous sa forme algébrique, que nous avons construit, rapidement et sans peine, ceux des tableaux placés à la fin de cet opuscule qui se rapportent respectivement aux cas de *cinq, sept, neuf, onze, treize* et *quinze* tireurs.

19. — Il ne sera pas inutile de faire remarquer que, dans tous ces tableaux, comme dans celui qui précède, *les jeux constituant chaque groupe sont placés, sur leur ligne, dans l'ordre même où notre règle les fournit.* Il importe qu'il en soit toujours ainsi. Lorsqu'on appliquera la règle sous sa forme algébrique (16), il faudra suivre bien exactement l'ordre indiqué dans son énoncé. Lorsqu'on l'appliquera sous sa forme géométrique (17), il faudra prendre les cordes parallèles qui donnent les différents jeux dans l'ordre même où elles se présentent, en commençant par la corde la plus rapprochée, sur la figure, de la lettre qui manque dans le groupe qu'on écrit.

V

Manière de grouper les jeux dans le cas d'un nombre pair de tireurs.

20. — Notre manière de grouper les jeux, dans le cas d'un nombre pair de tireurs, se résume encore en une règle sûre, facile, exempte de tout tâtonnement. Cette règle, comme la précédente, se peut présenter sous deux formes : une forme algébrique, une forme géométrique.

21. — Supposons nos tireurs en nombre égal à *huit*, et représentons-les par les *huit* premières lettres,

$$A, B, C, D, E, F, G, H$$

de notre alphabet. L'assaut complet correspondant (4) se compose de *vingt-huit* jeux. Ces *vingt-huit* jeux peuvent se partager en *sept* groupes de *quatre* jeux chacun, tous les tireurs entrant dans chaque groupe, et n'y entrant qu'une fois.

Chacun de ces *sept* groupes contient la dernière H des *huit* lettres considérées, et ne la contient qu'une fois. Dans l'un d'eux, H est associée à A; dans un autre, à B; dans un autre, à C; et ainsi de suite. Il nous suffit évidemment de savoir former le groupe où H est associée à l'une, déterminée, des lettres qui la précèdent, par exemple à la lettre C.

Pour obtenir ce groupe, je considère l'assaut complet des *sept* lettres qui précèdent H. Je forme pour cet assaut complet, d'après la règle donnée précédemment, le groupe où manque C. C'est, comme on l'a vu (16 et 17), le groupe :

           DB   EA   FG.

Aux *trois* jeux constituant ce groupe, j'associe le jeu CH, auquel je donne le premier rang ; et j'ai finalement le groupe de *quatre* jeux :

      CH   DB   EA   FG,

qui est le groupe de *quatre* jeux demandé.

D'une manière générale, cette règle peut s'énoncer ainsi :

Le nombre des tireurs étant pair, pour obtenir le groupe où la lettre finale est associée à l'une déterminée des précédentes : on considère l'assaut complet de toutes ces lettres précédentes ; — on forme, dans ce nouvel assaut complet, le groupe où manque la lettre déterminée ; — enfin, on place en tête de ce groupe le jeu complémentaire composé de la lettre qui y manque et de la dernière des lettres considérées.

22. — Etant donnés nos *huit* tireurs, ou, ce qui pour nous revient au même, étant données nos *huit* lettres

        A, B, C, D, E, F, G, H,

prenons les *sept* premières d'entre elles, et disposons-les sur un cercle, régulièrement, dans leur ordre alphabétique, comme on le voit ci-dessous (*fig.* 3) :

Pour obtenir le groupe que nous cherchons, c'est-à-dire le groupe de *quatre* jeux comprenant le jeu CH, nous plaçons sur ce cercle, au point où se trouve déjà C, la lettre finale H. Ces deux lettres coïncidant déterminent une tangente au cercle ; nous menons cette

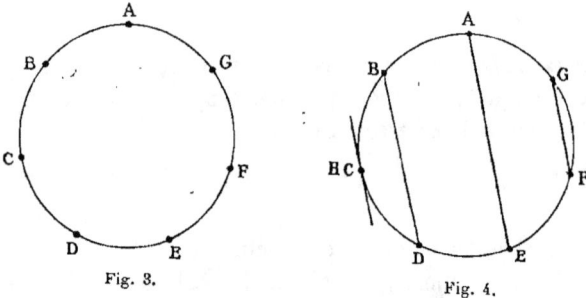

Fig. 3.   Fig. 4.

tangente ; nous menons les *trois* cordes qui lui sont parallèles, et qui joignent deux à deux les *six* autres points ou lettres. Nous avons finalement la figure ci-dessus (*fig.* 4), qui nous présente *quatre* droites parallèles, correspondant à nos *quatre* jeux. Ces *quatre* jeux sont donc toujours :

CH   DB   EA   FG.

Sous cette forme géométrique, notre règle est générale et peut s'énoncer ainsi :

Les tireurs étant en nombre pair, pour obtenir le groupe de jeux où la lettre finale est associée à l'une, déterminée, des précédentes : on écrit toutes ces lettres précédentes sur un cercle, régulièrement, et dans leur ordre alphabétique; — on place la dernière des lettres données en coïncidence avec celle des précédentes qui est déterminée; — ces deux lettres coïncidant déterminent une tangente à ce cercle; on trace cette tangente; on trace les cordes qui lui sont parallèles et qui joignent deux à deux toutes les autres lettres. Tangente et cordes correspondent chacune à un couple de lettres, par conséquent à un jeu. C'est l'ensemble de tous ces jeux qui constitue le groupe demandé.

23. — Sous quelque forme, algébrique ou géométrique, qu'on la prenne, la règle que nous venons d'exposer nous permet de construire le tableau, convenablement partagé en groupes, de l'assaut complet entre *huit* tireurs. Ce tableau est le suivant :

AH	BG	CF	DE
BH	CA	DG	EF
CH	DB	EA	FG
DH	EC	FB	GA
EH	FD	GC	AB
FH	GE	AD	BC
GH	AF	BE	CD.

Les jeux y sont disposés en *sept* lignes de *quatre* jeux chacune, c'est-à-dire distribués en *sept* groupes contenant chacun *quatre* jeux.

Cette règle, d'ailleurs, est générale : en d'autres termes, elle peut s'appliquer toutes les fois que le nombre des tireurs est pair. Comme celle que nous avons donnée (16 et 17) pour le cas où ce nombre est impair, elle est exempte de tout tâtonnement. C'est en l'appliquant littéralement, sous sa forme algébrique, que nous avons construit, rapidement et facilement, ceux des tableaux, placés à la fin de ce petit volume, qui se rapportent respectivement aux assauts complets de *six, huit, dix, douze, quatorze* et *seize* tireurs.

24. — A propos de ces différents tableaux, comme de celui qui précède, nous ferons une remarque presque identique à celle que nous avons faite précédemment (19). Dans chacun d'eux, *les jeux constituant chaque groupe sont placés, sur leur ligne, dans l'ordre même où notre règle les fournit*. Il importe, ici comme plus haut, qu'il en soit toujours ainsi. Lorsqu'on appliquera la règle sous sa forme algébrique (21), il faudra suivre bien exactement l'ordre indiqué dans son énoncé. Lorsqu'on l'appliquera sous sa forme géométrique (22), il faudra prendre les droites parallèles, tangente et cordes, qui donnent les différents jeux, dans l'ordre où elles sont placées sur la figure, en commençant par la tangente.

SECONDE PARTIE

Comptabilité des assauts complets.

I

Préliminaires.

25. — La *Comptabilité des assauts complets*, c'est l'ensemble des écritures permettant : après qu'un jeu est effectué, d'en enregistrer le résultat ; — après que tous les jeux sont effectués, de déterminer, pour chaque tireur, le nombre total des coups donnés ou reçus ; — finalement, de classer tous les tireurs, de les ranger par ordre de mérite ou, comme on dit, de force, soit d'après le plus petit nombre des coups reçus, soit d'après le plus grand nombre des coups donnés.

Nous avons publié récemment[1] une étude scientifique sur la comptabilité des assauts complets. C'est le premier en date des deux Mémoires dont nous avons parlé (5). Ici, où nous ne visons qu'à l'application, nous nous bornerons à en faire un résumé essentiellement pratique.

26. — Nous indiquerons d'abord un procédé tout élémentaire pour enregistrer à mesure les résultats des différents jeux.

Nous indiquerons ensuite, pour arriver au même

---

1. Société philomathique de Paris (1898-1899).

résultat, l'usage de la *table à double entrée* ou *abaque*[1] qui correspond à un assaut complet déterminé.

Nous donnerons enfin le moyen d'obtenir l'ensemble de tous les résultats, et d'en déduire le classement des tireurs.

27. — Pour rendre notre exposition plus simple et plus facile à suivre, nous nous supposerons toujours dans le cas particulier où le nombre des tireurs est égal à *sept;* mais, le lecteur s'en apercevra de lui-même, les règles que nous donnerons seront tout à fait générales : elles pourront s'appliquer quel que soit le nombre, pair ou impair, des tireurs.

---

[1]. Le mot *abaque* est un mot français, tiré du grec, qui est usité dans les sciences et les arts. C'est lui que nous emploierons : il est plus court que *table à double entrée*, et il prévient les confusions qui pourraient résulter de l'emploi, presque simultané, des deux mots *table* et *tableau*.

II

Procédé d'enregistrement provisoire.

28. — Le procédé d'enregistrement le plus simple, le plus élémentaire, le plus pratique, est celui que nous allons donner sous le nom de *procédé d'enregistrement provisoire*. Il peut se résumer en la règle suivante :

Considérant les différents jeux constituant l'assaut complet, on les écrit les uns sous les autres, en une colonne, dans l'ordre même où ils auront lieu, et en ayant grand soin de séparer, par un vide suffisant, chaque groupe de la colonne de celui qui le précède. Sitôt qu'un jeu vient de finir, on écrit : à la gauche de ce jeu, le nombre des coups reçus par le tireur de gauche; à la droite, le nombre des coups reçus par le tireur de droite.

29. — Appliquons cette règle à l'assaut complet des *sept* tireurs

A, B, C, D, E, F, G.

Nous écrivons les *vingt et un* jeux de cet assaut complet en cette colonne unique :

BG
CF
DE

.
.
.

CA
DG
EF

.
.
.

dans l'ordre même où ils se trouvent sur le tableau de groupement des jeux de *sept* tireurs, et en laissant, pour plus de clarté, un vide suffisant entre deux groupes consécutifs.

Notre liste ainsi dressée, considérons le jeu BG placé en tête. Supposons, en ce jeu déjà effectué, que B ait reçu 3 coups, et que G en ait reçu 5. Nous écrirons le nombre 3 à la gauche de B ; le nombre 5 à la droite de G ; et nous obtiendrons ainsi cette suite de quatre caractères.

3BG5.

Nous opérerons de même après le deuxième jeu, après le troisième, et ainsi de suite.

Il est bien clair qu'en opérant ainsi, depuis le commencement de l'assaut complet jusqu'à son entier achèvement, on obtiendra finalement une liste générale, où chaque jeu présentera deux nombres : l'un, à sa gauche, exprimant le nombre des coups reçus par le tireur de gauche; l'autre, à sa droite, exprimant le nombre des coups reçus par le tireur de droite.

Il est bien clair également que si, pour une raison ou pour une autre, un jeu ne pouvait être effectué, on ne marquerait rien, ni à sa droite, ni à sa gauche.

30. — Ici, comme dans tout ce qui va suivre, nous ne marquerons que les nombres de coups reçus. On pourrait aussi bien ne marquer que les nombres de coups donnés. Mais il faut se garder soigneusement de marquer, d'enregistrer tantôt les uns, tantôt les autres. Cette façon irrégulière d'opérer engendrerait une foule d'erreurs. Nous conseillons donc d'agir, comme nous le faisons nous-même, c'est-à-dire de marquer uniquement le nombre des coups reçus.

D'ailleurs, dans un jeu quelconque, tout coup donné par l'un des tireurs est forcément reçu par l'autre, et *vice versa*. Les nombres de coups donnés se déduisent donc immédiatement des nombres de coups reçus. Ceux-ci étant marqués, il est inutile que ceux-là le soient.

31. — S'il arrivait, dans un jeu, qu'un tireur ne fût pas touché, le nombre des coups reçus par lui serait égal à *zéro*. On écrirait donc simplement le chiffre 0, à côté de la lettre correspondant au nom de

ce tireur, ou plutôt, pour employer notre langage habituel, à côté du nom de ce tireur.

S'il arrivait qu'un jeu, après avoir assez duré, fût arrêté par le président de l'assaut, bien qu'aucun des tireurs n'y eût été touché, chacun de ces tireurs, si l'on peut s'exprimer ainsi, n'eût reçu que zéro coup. On écrirait donc un chiffre zéro à côté du nom de chaque tireur, c'est-à-dire un chiffre 0 à la gauche de ce jeu, et un chiffre 0 à sa droite.

Si, dans un assaut complet, on convenait, comme on le fait quelquefois, non plus de compter le nombre des coups reçus par les deux tireurs, mais seulement de marquer le vainqueur et le vaincu, on se trouverait dans un cas identique à celui où l'un des tireurs, le vainqueur, aurait reçu *zéro* coup; et où l'autre, le vaincu, en aurait reçu *un*. On écrirait donc un chiffre 0 à côté du nom du vainqueur, et un chiffre 1 à côté de celui du vaincu.

32. — Le procédé d'enregistrement provisoire que nous venons d'indiquer est celui qu'il faut employer pour enregistrer, à mesure, les résultats des différents jeux. Il est très simple, très pratique; mais il se prête mal, l'assaut une fois terminé, à la récapitulation générale des résultats et au classement des tireurs.

Il faudra, après cet entier achèvement de l'assaut, reporter, de la façon que nous allons indiquer, tous les nombres ainsi écrits sur notre *table à double entrée* ou *abaque*. Ce sera là notre procédé d'enregistrement *définitif*. C'est ce qui nous a fait donner au précédent le nom de procédé *provisoire*.

III

Table à double entrée ou abaque.

33. — A tout assaut complet correspond une *table à double entrée*, un *abaque*. Pour construire cet abaque, il suffit d'appliquer littéralement la règle suivante :

Tracer une sorte d'échiquier, de damier[1], où le nombre des lignes, comme celui des colonnes, soit juste égal au nombre des tireurs; — écrire à la gauche de ce damier, en face des lignes qui le composent, et dans l'ordre alphabétique, les lettres correspondant à tous les tireurs; écrire enfin ces mêmes lettres au-dessus du damier, dans leur ordre alphabétique, et en tête des différentes colonnes.

34. — Sur l'abaque ainsi formé, chaque case se trouve à la rencontre d'une ligne et d'une colonne; elle correspond au couple, et par conséquent au jeu, des deux tireurs dont les noms sont marqués : l'un à la gauche de cette ligne, l'autre au haut de cette colonne.

Pour les cases situées sur la diagonale qui part du

---

[1]. Le mot Ἄβαξ, d'où vient *abaque*, a justement en grec, assez fréquemment, la signification de damier.

— 40 —

coin supérieur de gauche, ces deux noms sont identiques : ces cases-là ne correspondent donc à rien.

35. — En opérant d'après la règle qui précède (33), dans le cas particulier des *sept* tireurs

A, B, C, D, E, F, G,

nous obtenons l'abaque que voici :

	A	B	C	D	E	F	G
A							
B		r			s		
C							
D						q	
E		s	p				
F							
G							

Fig. 5.

Cet abaque, par sa définition, et par la façon dont nous l'avons formé (33), est, comme nous l'avons dit (33), une sorte de damier. Dans le cas particulier qui nous occupe, il nous offre *sept* lignes, *sept* colonnes, et par conséquent *quarante-neuf* cases. Il est symétrique par rapport à la diagonale, déjà considérée (34), qui part du coin supérieur de gauche. Chaque case s'y trouve, nous l'avons déjà fait remarquer (34), à la rencontre d'une ligne et d'une colonne : elle correspond au couple de tireurs dont les noms sont placés : l'un, au haut de cette colonne ; l'autre à la gauche de cette ligne.

Si cette case n'appartient pas à la diagonale considérée, elle représente un jeu, car les deux tireurs sont différents : la case marquée p, sur la figure 5, représente ainsi le jeu CE ; la case marquée q, le jeu DF. Si la case est située sur la diagonale, elle ne représente rien, car elle correspond à un couple, à un jeu, où le même tireur entrerait deux fois : la case marquée r, par exemple, correspondrait au couple BB.

C'est parce que les cases situées sur cette diagonale ne correspondent à rien, qu'il est bon de les exclure ou, pour mieux dire, de s'en débarrasser. On y arrive, et c'est ce que nous ferons dorénavant, en les couvrant de hachures.

36. — Il est à remarquer, sur notre abaque, que deux cases, placées symétriquement par rapport à la diagonale considérée, correspondent au même jeu : sur notre figure 5, les deux cases marquées s donnent ainsi le même jeu BE.

Des *quarante-neuf* cases de l'abaque qui précède, défalquons les *sept* cases placées sur la diagonale : il en reste *quarante-deux*. Chacune de celles-ci représente un jeu, mais il y en a toujours deux qui représentent le même jeu : nous retrouvons donc bien *vingt-un* comme nombre total des jeux de l'assaut complet de *sept* tireurs.

IV

Procédé d'enregistrement définitif.

37. — Considérons un assaut complet; supposons-en tous les jeux effectués; et supposons aussi que les résultats de chacun d'eux aient été enregistrés à mesure, par notre procédé d'enregistrement provisoire. Comment faut-il s'y prendre pour reporter, sur notre abaque (*fig.* 6), les deux nombres répondant à

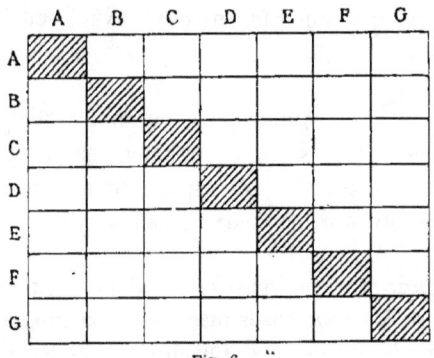

Fig. 6.

chaque jeu ? Telle est la question à laquelle nous allons répondre.

38. — Prenons toujours nos *sept* tireurs

A, B, C, D, E, F, G ;

et formons l'abaque correspondant à leur assaut complet. C'est l'abaque précédent (*fig.* 6), où les cases situées sur la diagonale sont couvertes de hachures.

Supposons que l'assaut BG ait été effectué; que B ait reçu 3 coups et que G en ait reçu 5. Par notre procédé d'enregistrement provisoire, nous avons obtenu le groupe

3BG5,

qu'il s'agit maintenant de reporter sur notre abaque.

Nous pouvons remarquer d'abord que nous avons, pour ce seul jeu, deux nombres à marquer; mais que

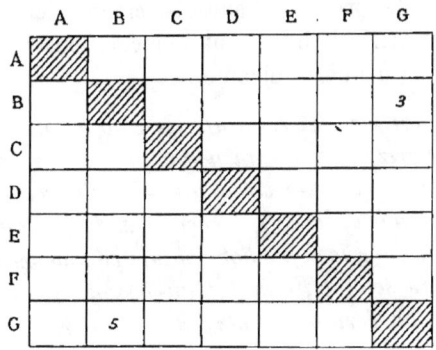

Fig. 7.

notre abaque nous présente justement deux cases correspondant à ce jeu unique. C'est là une coïncidence heureuse dont nous allons profiter.

Dans la ligne horizontale commençant par B, et au-dessous du G placé au haut de l'abaque, nous écrivons le nombre 3 : ce nombre, ainsi placé, exprime que B a été touché 3 fois par G. De même, dans la ligne horizontale commençant par G, et au-dessous du B placé au haut de l'abaque, nous écrivons le nombre 5 : et ce nombre 5, ainsi placé, exprime que G a été touché 5 fois par B. C'est ce qu'on voit sur la figure 7.

Il est évident que si l'un des tireurs n'était point touché par l'autre, on placerait sur sa ligne horizontale, au-dessous du nom de l'autre tireur, un simple chiffre 0 ; et que l'on opérerait d'une façon analogue pour les deux tireurs à la fois, s'ils ne s'étaient touchés ni l'un ni l'autre.

39. — Ce procédé d'enregistrement définitif est tout à fait général. Il se peut énoncer, sous forme de règle, de la manière suivante :

Pour marquer les résultats de chaque jeu : dans la ligne horizontale commençant par le nom du premier tireur, et au-dessous du nom du second, on écrit le nombre des coups reçus par le premier; — de même, dans la ligne horizontale commençant par le nom du second tireur, et au-dessous du nom du premier, on écrit le nombre des coups reçus par le second.

On voit bien que, en opérant ainsi, on utilise les deux cases de l'abaque qui correspondent à un même jeu.

40. — Ce procédé d'enregistrement définitif est très net. On pourrait l'appliquer directement, sans recourir à l'intermédiaire du procédé provisoire. Ce serait, en apparence, du temps de gagné. En réalité,

il n'en serait point ainsi. Nous savons, en effet, par notre expérience personnelle, que, lorsqu'on applique directement le procédé définitif, il faut une très grande attention pour ne point commettre d'erreurs.

41. — Si l'on reporte ainsi, sur notre abaque, les résultats de tous les jeux, on obtient finalement un abaque tel que celui-ci :

	A	B	C	D	E	F	G
A		2	0	0	4	3	2
B	1		2	0	5	1	3
C	3	0		1	0	2	3
D	2	3	4		1	3	0
E	0	1	0	3		3	2
F	3	0	6	4	3		0
G	1	5	4	2	0	1	

Fig. 8.

où toutes les cases non situées sur la diagonale nous présentent chacune un nombre.

Si l'un des jeux de l'assaut complet n'avait pu être effectué, les deux cases correspondantes, symétriques l'une de l'autre par rapport à la diagonale, seraient demeurées toutes les deux vides. Tel n'est point le cas de la figure ci-dessus.

V
Récapitulation générale des résultats.

42. — Un assaut complet étant entièrement achevé, en faire la *récapitulation générale*, c'est déterminer, pour chaque tireur, pendant toute la durée de l'assaut, combien il a reçu de coups et combien il en a donné.

Grâce à l'emploi de notre abaque, ces deux problèmes se résolvent en même temps, très vite et très facilement.

43. — Considérons, en effet, sur l'abaque constituant la figure 8, le nombre 4 marqué à la rencontre de la ligne ayant D à sa gauche et de la colonne ayant C à son sommet. D'après notre procédé d'enregistrement définitif, ce nombre représente 4 coups, lesquels ont été reçus par D et donnés par C.

Les nombres de coups reçus par D, dans tous les jeux de l'assaut complet considéré, sont donc marqués dans la ligne horizontale qui a D à sa gauche : toutes les cases de cette ligne, et ces cases-là seulement, portent des nombres de coups reçus par D. — De même, les nombres de coups donnés par C, dans tous les jeux de cet assaut complet, sont marqués sur la colonne verticale ayant C à son sommet : toutes les cases de cette colonne, et celles-là seulement, portent des nombres de coups donnés par C.

— 47 —

Il nous suffit, par conséquent : pour déterminer le nombre total des coups reçus par D, de faire la somme de tous les nombres écrits dans la ligne horizontale ayant D à sa gauche; — pour déterminer le nombre total des coups donnés par C, de faire la somme de tous les nombres écrits dans la colonne verticale ayant C à son sommet.

44. — Il résulte, de tout ce que nous venons de dire, un moyen extrêmement rapide et simple d'effectuer notre récapitulation générale.

Prenons toujours l'assaut complet dont nous avons donné l'abaque (*fig.* 8). Additionnons les nombres marqués sur chaque ligne, et écrivons-en la somme à

	A	B	C	D	E	F	G	
A	▨	2	0	0	4	3	2	11
B	1	▨	2	0	5	1	3	12
C	3	0	▨	1	0	2	3	9
D	2	3	4	▨	1	3	0	13
E	0	1	0	3	▨	3	2	9
F	3	0	6	4	3	▨	0	16
G	1	5	4	2	0	1	▨	13
	10	11	16	10	13	13	10	

Fig. 9.

la droite de cette ligne; — additionnons de même les nombres marqués sur chaque colonne, et écrivons-en la somme au bas de cette colonne. Nous obtenons la figure ci-dessus, c'est-à-dire la figure 9.

Sur ce nouvel abaque, les nombres totaux des coups

reçus par les différents tireurs sont les sommes écrites à la droite des lignes qui ont respectivement à leur gauche les noms de ces tireurs; — les nombres totaux des coups donnés par les différents tireurs sont les sommes écrites au bas des colonnes ayant respectivement à leur sommet les noms de ces mêmes tireurs.

45. — Cette récapitulation générale peut évidemment se résumer ainsi :

    A a reçu 11 coups, en a donné 10;
    B . . . . 12 » 11;
    C . . . . 9 » 16;
    D . . . . 13 » 10;
    E . . . . 9 » 13;
    F . . . . 16 » 13;
    G . . . . 13 »   . . . . . 10.

46. — Notre manière d'effectuer la récapitulation générale subsiste, sans modification, quel que soit le nombre des tireurs. Elle s'exprime par cette règle unique, qu'il serait presque inutile d'énoncer :

Un assaut complet étant achevé, et les résultats de ses différents jeux étant tous reportés sur l'abaque correspondant : on additionne, d'une part, les nombres de chaque ligne, de l'autre, ceux de chaque colonne; — on écrit les sommes obtenues à la droite de leurs lignes, ou au bas de leurs colonnes; — les sommes écrites à la droite des lignes représentent les nombres totaux de coups reçus; les sommes écrites au bas des colonnes, les nombres totaux de coups donnés.

VI

Classement des tireurs.

47. — Les tireurs qui ont pris part à un assaut complet, peuvent, après l'entier achèvement de cet assaut, être classés de deux manières : d'après le plus petit nombre de coups reçus; d'après le plus grand nombre de coups donnés.

48. — *Pour classer les tireurs d'après le plus petit nombre de coups reçus, on considère les sommes écrites à la droite de l'abaque; — on les range à part, suivant leur grandeur, en commençant par les plus petites; — en face de chacune des sommes ainsi rangées, on écrit la lettre placée au commencement de sa ligne : — l'ordre final des lettres donne le classement des tireurs.*

Bien entendu, si la même somme se présentait deux ou plusieurs fois, les tireurs correspondants seraient *ex-æquo*, et devraient être placés au même rang.

Pour donner un exemple, appliquons ce procédé à l'assaut complet de *sept* tireurs, que nous avons étudié déjà, et dont la figure 9 nous donne la récapitulation générale. Nous arrivons au classement que voici :

1ers (*ex-æquo*), C et E, qui ont reçu chacun 9 coups;
2° \qquad\qquad A   , qui a reçu 11   » ;

3°   B   , qui a reçu . . . . . 12 coups ;
4⁰ˢ (*ex-æquo*), D et G, qui ont reçu chacun 13 » ;
5°   F   , qui a reçu . . . . . 16 » .

49. — *Pour classer les tireurs d'après le plus grand nombre de coups donnés, on considère les sommes placées au-dessous de l'abaque ; — on les range à part, suivant leur grandeur, en commençant par les plus grandes ; — en face de chacune des sommes ainsi rangées, on écrit la lettre placée au haut de la colonne correspondante : — l'ordre des lettres donne finalement le classement des tireurs.*

Ici encore il se pourrait faire que certaines sommes fussent égales ; et, par conséquent, qu'il y eût des tireurs *ex-æquo*.

En appliquant ce procédé à notre assaut complet de *sept* tireurs, et en partant de l'abaque qui le résume (*fig.* 9), nous arrivons au classement que voici :
1ᵉʳ C, qui a donné. . . . . 16 coups ;
2ᵉˢ (*ex-æquo*), E et F, qui ont donné chacun 13 » ;
3ᵉ B, qui a donné. . . . . 11 » ;
4ᵉˢ (*ex-æquo*), A, D et G, qui ont donné chacun 10 » .

50. — Les deux classements que nous venons d'effectuer, le premier d'après le plus petit nombre de coups reçus, le second d'après le plus grand nombre de coups donnés, nous présentent cette circonstance remarquable de n'être point identiques. Au premier abord, ce fait peut paraître singulier et semble devoir être exceptionnel. En réalité, il n'en est rien : ces deux classements diffèrent presque toujours.

Auquel de ces deux classements, lorsqu'ils diffèrent ainsi, convient-il de donner la préférence ?

A celui qui se déduit du plus grand nombre de coups donnés, disent les personnes qui considèrent surtout l'escrime comme une préparation au duel. Dans le duel, ajoutent-elles, c'est le premier coup bien porté qui, en mettant l'un des adversaires hors de combat, assure la victoire de l'autre : l'important, c'est de toucher.

Au classement qui se déduit du plus petit nombre de coups reçus, disent, au contraire, les personnes qui regardent l'escrime comme étant, avant tout, l'art de se défendre. Pour ces personnes, du nombre desquelles nous sommes, le tireur idéal serait le tireur assez habile pour n'être jamais touché.

Ces deux opinions opposées, on le voit, peuvent l'une et l'autre être soutenues. Lorsqu'on y réfléchit, lorsqu'on va au fond des choses, on s'aperçoit bien vite que nos deux classements répondent à des qualités ou défauts divers, tout à fait personnels, qui tiennent aux moyens physiques des tireurs, à leur tempérament, peut-être même à leur caractère.

D'ailleurs, si l'on convient : de ne considérer aucun jeu comme nul ; par conséquent, de regarder chaque jeu comme présentant un vainqueur et un vaincu ; par conséquent, de marquer, comme nous l'avons recommandé plus haut (31), *zéro* coup reçu par le vainqueur, *un* coup reçu par le vaincu, l'ambiguïté que nous venons de signaler disparaîtra : il n'y aura qu'un seul classement.

CONCLUSION

CONCLUSION

51. — Après toutes les explications, toutes les redites, tous les exemples qui précèdent, l'organisation et la comptabilité des assauts complets ne peuvent plus, ce nous semble, présenter à nos lecteurs de difficultés sérieuses. Cependant, pour rendre encore plus facile la tâche de ceux qui auraient à diriger des assauts complets, nous croyons utile d'indiquer dans leur ordre, une à une, toutes les opérations qu'il faut effectuer : avant l'assaut, pendant qu'il a lieu, et après son entier achèvement.

52. — Avant de commencer l'assaut, il faut :

1° *Dresser la liste complète des tireurs et écrire, en face de leurs noms, les premières lettres de l'alphabet.*

2° *Prendre, parmi les tableaux placés à la fin de cet ouvrage, celui qui correspond au nombre de nos tireurs, et qui nous donne l'ensemble, partagé en groupes, de tous les jeux constituant notre assaut complet.*

3° *Ecrire tous ces jeux sur un papier, en une seule*

colonne, dans l'ordre même où le tableau nous les présente, et en laissant un intervalle assez grand entre les groupes consécutifs de jeux.

53. — Pendant tout le temps que l'assaut a lieu, il faut :

1° *A l'issue de chaque jeu, écrire sur notre papier, à côté des deux lettres de ce jeu, les nombres de coups reçus par les deux tireurs qu'elles représentent.*

2° *Pendant le repos qui suit chaque groupe de jeux, vérifier avec soin l'enregistrement des nombres de coups reçus, par les tireurs, dans les différents jeux de ce groupe.*

3° *Pendant ce même repos, et après avoir procédé aux vérifications qu'on vient d'indiquer, reporter sur notre abaque, conformément à notre règle (39), tous les nombres ainsi vérifiés.*

54. — Enfin, l'assaut complet étant entièrement achevé, et tous les nombres de coups reçus étant reportés sur notre abaque, il y aura encore trois opérations à effectuer, lesquelles dépendront, d'ailleurs, du classement qu'on aura adopté et qu'on se proposera d'obtenir.

Si l'on classe les tireurs d'après le plus petit nombre de coups reçus, il faudra :

1° *Faire la somme de tous les nombres écrits dans chaque ligne de l'abaque, et écrire cette somme à la droite de cette ligne.*

2° *Disposer ces différentes sommes dans leur ordre de grandeur, en commençant par les plus petites.*

3° *Placer, à côté de ces sommes ainsi disposées, les lettres écrites à la gauche de leurs lignes respectives, ou même, immédiatement, les noms des tireurs qui correspondent à ces lettres.*

Si l'on classait les tireurs d'après le plus grand nombre de coups donnés, il faudrait, au contraire :

1° *Faire la somme de tous les nombres écrits dans chaque colonne de notre abaque, et écrire cette somme au-dessous de cette colonne.*

2° *Disposer ces différentes sommes dans leur ordre de grandeur, en commençant par les plus grandes.*

3° *Placer à côté de ces sommes, ainsi disposées, les lettres écrites au-dessus de leurs colonnes respectives, ou plutôt, immédiatement, les noms des tireurs qui correspondent à ces lettres.*

Evidemment, on pourrait obtenir les deux classements à la fois. Il suffirait, pour y arriver, d'effectuer chacune de nos trois dernières opérations en même temps, sur les lignes de l'abaque et sur ses colonnes.

Comme nous l'avons fait remarquer d'ailleurs (50), si l'on ne considérait aucun jeu comme nul, et qu'on marquât simplement, pour chaque jeu, le vainqueur et le vaincu, il n'y aurait qu'un seul classement.

55. — Nous avons ainsi un programme détaillé de toutes les opérations qu'il faut effectuer pour diri-

ger un assaut complet, et de l'ordre où il faut effectuer ces opérations. Nous conseillons beaucoup, à tous ceux qui assumeraient la responsabilité d'une pareille direction, d'appliquer ce programme littéralement, point par point.

Tableaux

DES

ASSAUTS COMPLETS

Tableaux des assauts complets.

56. — Dans le chapitre II du présent ouvrage, nous avons donné, sous forme algébrique et sous forme géométrique, deux règles permettant de former, dans tous les cas possibles, le tableau, convenablement partagé en groupes, des jeux constituant un assaut complet quelconque. Ces règles, qui nous paraissent toutes nouvelles, ont été trouvées par nous et publiées dans notre Mémoire sur l'*Organisation des assauts complets*[1]. C'est à ce Mémoire que nous renvoyons les personnes, non étrangères aux études mathématiques, qui désireraient en connaître l'origine et la démonstration.

57. — Comme nous l'avons déjà dit, et comme on l'a vu, ces deux règles sont d'une application très facile. Cependant, pour diminuer encore la peine de ceux qui auraient à diriger des assauts complets, nous allons, dans cet *Appendice*, donner les tableaux correspondant aux assauts complets les plus simples. Ce seront les douze tableaux correspondant aux cas où le nombre des tireurs est l'un des douze nombres *cinq, six, sept......, quatorze, quinze* et *seize*.

Dans ces tableaux, d'ailleurs, nous emploierons nos

---

1. Bulletin de la Société philomathique de Paris (année 1898-1899).

notations habituelles : nous représenterons les tireurs participant à l'assaut complet par les premières lettres de l'alphabet ; et nous indiquerons le jeu ou combat de deux d'entre eux par le couple des lettres qui leur correspondent.

Nous mettrons de plus, sur une même ligne, les jeux composant un même groupe, et nous consacrerons une page entière à chacun de nos douze tableaux.

58. — Ces tableaux, formés d'après nos règles, possèdent tous, lorsque le nombre des tireurs dépasse *cinq*, les trois propriétés suivantes :

1° *Chacun d'eux renferme, sans omission ni répétition, tous les jeux de l'assaut complet correspondant.*

2° *Dans chacun d'eux, un même tireur n'entre jamais plus d'une fois dans un même groupe.*

3° *Les jeux composant tous les groupes, si on les place les uns après les autres, dans l'ordre même où ils se présentent, forment une série unique, dans laquelle deux jeux consécutifs quelconques ne comprennent jamais un même tireur.*

Ces trois propriétés sont essentielles. On peut vérifier que tous nos tableaux les possèdent, à l'exception toutefois du premier, qui correspond au cas de *cinq* tireurs.

I

Assaut complet des cinq tireurs
A, B, C, D, E.

Dix jeux, partagés en *cinq* groupes de *deux* jeux :
un groupe par ligne.

BE   CD
CA   DE
DB   EA
EC   AB
AD   BC

II

Assaut complet des six tireurs
A, B, C, D, E, F.

Quinze jeux, partagés en *cinq* groupes de *trois* jeux :
un groupe par ligne.

AF	BE	CD
BF	CA	DE
CF	DB	EA
DF	EC	AB
EF	AD	BC

III

Assaut complet des sept tireurs
A, B, C, D, E, F, G.

Vingt-un jeux, partagés en *sept* groupes de *trois* jeux :
un groupe par ligne.

BG	CF	DE
CA	DG	EF
DB	EA	FG
EC	FB	GA
FD	GC	AB
GE	AD	BC
AF	BE	CD

IV

Assaut complet des huit tireurs
A, B, C, D, E, F, G, H.

Vingt-huit jeux, partagés en *sept* groupes de *quatre* jeux : *un* groupe par ligne.

AH	BG	CF	DE
BH	CA	DG	EF
CH	DB	EA	FG
DH	EC	FB	GA
EH	FD	GC	AB
FH	GE	AD	BC
GH	AF	BE	CD

V

Assaut complet des neuf tireurs
A, B, C, D, E, F, G, H, I.

Trente-six jeux, partagés en *neuf* groupes de *quatre* jeux : *un* groupe par ligne.

BI	CH	DG	EF
CA	DI	EH	FG
DB	EA	FI	GH
EC	FB	GA	HI
FD	GC	HB	IA
GE	HD	IC	AB
HF	IE	AD	BC
IG	AF	BE	CD
AH	BG	CF	DE

VI

Assaut complet des dix tireurs
A, B, C, D, E, F, G, H, I, J.

Quarante-cinq jeux, partagés en *neuf* groupes de *cinq* jeux : *un* groupe par ligne.

AJ	BI	CH	DG	EF
BJ	CA	DI	EH	FG
CJ	DB	EA	FI	GH
DJ	EC	FB	GA	HI
EJ	FD	GC	HB	IA
FJ	GE	HD	IC	AB
GJ	HF	IE	AD	BC
HJ	IG	AF	BE	CD
IJ	AH	BG	CF	DE

VII

Assaut complet des onze tireurs
A, B, C, D, E, F, G, H, I, J, K.

Cinquante-cinq jeux, partagés en *onze* groupes de *cinq* jeux : *un* groupe par ligne.

BK	CJ	DI	EH	FG
CA	DK	EJ	FI	GH
DB	EA	FK	GJ	HI
EC	FB	GA	HK	IJ
FD	GC	HB	IA	JK
GE	HD	IC	JB	KA
HF	IE	JD	KC	AB
IG	JF	KE	AD	BC
JH	KG	AF	BE	CD
KI	AH	BG	CF	DE
AJ	BI	CH	DG	EF

VIII

Assaut complet des douze tireurs
A, B, C, D, E, F, G, H, I, J, K, L.

Soixante-six jeux, partagés en *onze* groupes de *six* jeux : *un* groupe par ligne.

AL	BK	CJ	DI	EH	FG
BL	CA	DK	EJ	FI	GH
CL	DB	EA	FK	GJ	HI
DL	EC	FB	GA	HK	IJ
EL	FD	GC	HB	IA	JK
FL	GE	HD	IC	JB	KA
GL	HF	IE	JD	KC	AB
HL	IG	JF	KE	AD	BC
IL	JH	KG	AF	BE	CD
JL	KI	AH	BG	CF	DE
KL	AJ	BI	CH	DG	EF

IX

Assaut complet des **treize** tireurs
A, B, C, D, E, F, G, H, I, J, K, L, M.

Soixante-dix-huit jeux, partagés en *treize* groupes de
six jeux : *un* groupe par ligne.

BM	CL	DK	EJ	FI	GH
CA	DM	EL	FK	GJ	HI
DB	EA	FM	GL	HK	IJ
EC	FB	GA	HM	IL	JK
FD	GC	HB	IA	JM	KL
GE	HD	IC	JB	KA	LM
HF	IE	JD	KC	LB	MA
IG	JF	KE	LD	MC	AB
JH	KG	LF	ME	AD	BC
KI	LH	MG	AF	BE	CD
LJ	MI	AH	BG	CF	DE
MK	AJ	BI	CH	DG	EF
AL	BK	CJ	DI	EH	FG

X

Assaut complet des quatorze tireurs
A, B, C, D, E, F, G, H, I, J, K, L, M, N.

Quatre-vingt-onze jeux, partagés en *treize* groupes
de *sept* jeux : *un* groupe par ligne.

AN	BM	CL	DK	EJ	FI	GH
BN	CA	DM	EL	FK	GJ	HI
CN	DB	EA	FM	GL	HK	IJ
DN	EC	FB	GA	HM	IL	JK
EN	FD	GC	HB	IA	JM	KL
FN	GE	HD	IC	JB	KA	LM
GN	HF	IE	JD	KC	LB	MA
HN	IG	JF	KE	LD	MC	AB
IN	JH	KG	LF	ME	AD	BC
JN	KI	LH	MG	AF	BE	CD
KN	LJ	MI	AH	BG	CF	DE
LN	MK	AJ	BI	CH	DG	EF
MN	AL	BK	CJ	DI	EH	FG

XI

Assaut complet des **quinze** tireurs
A, B, C, D, E, F, G, H, I, J, K, L, M, N, O.

Cent cinq jeux, partagés en *quinze* groupes de *sept* jeux : *un* groupe par ligne.

BO	CN	DM	EL	FK	GJ	HI
CA	DO	EN	FM	GL	HK	IJ
DB	EA	FO	GN	HM	IL	JK
EC	FB	GA	HO	IN	JM	KL
FD	GC	HB	IA	JO	KN	LM
GE	HD	IC	JB	KA	LO	MN
HF	IE	JD	KC	LB	MA	NO
IG	JF	KE	LD	MC	NB	OA
JH	KG	LF	ME	ND	OC	AB
KI	LH	MG	NF	OE	AD	BC
LJ	MI	NH	OG	AF	BE	CD
MK	NJ	OI	AH	BG	CF	DE
NL	OK	AJ	BI	CH	DG	EF
OM	AL	BK	CJ	DI	EH	FG
AN	BM	CL	DK	EJ	FI	GH

XII

Assaut complet des seize tireurs
A, B, C, D, E, F, G, H, I, J, K, L, M, N, O, P.

Cent vingt jeux, partagés en *quinze* groupes de *huit* jeux : *un* groupe par ligne.

AP	BO	CN	DM	EL	FK	GJ	HI
BP	CA	DO	EN	FM	GL	HK	IJ
CP	DB	EA	FO	GN	HM	IL	JK
DP	EC	FB	GA	HO	IN	JM	KL
EP	FD	GC	HB	IA	JO	KN	LM
FP	GE	HD	IC	JB	KA	LO	MN
GP	HF	IE	JD	KC	LB	MA	NO
HP	IG	JF	KE	LD	MC	NB	AO
IP	JH	KG	LF	ME	ND	OC	AB
JP	KI	LH	MG	NF	OE	AD	BC
KP	LJ	MI	NH	OG	AF	BE	CD
LP	MK	NJ	OI	AH	BG	CF	DE
MP	NL	OK	AJ	BI	CH	DG	EF
NP	OM	AL	BK	CJ	DI	EH	FG
OP	AN	BM	CL	DK	EJ	FI	GH

TABLE DES MATIÈRES

Introduction.................................... 5

PREMIÈRE PARTIE
Organisation des assauts complets.

Définition et notations........................... 13
Moyen de disposer les jeux en une série.......... 15
Nécessité du groupement des jeux................ 18
Manière de grouper les jeux dans le cas d'un nombre impair de tireurs............................. 20
Manière de grouper les jeux dans le cas d'un nombre pair de tireurs................................ 27

SECONDE PARTIE
Comptabilité des assauts complets.

Préliminaires..................................... 33
Procédé d'enregistrement provisoire.............. 35
Table à double entrée ou abaque.................. 39
Procédé d'enregistrement définitif............... 42
Récapitulation générale des résultats............ 46
Classement des tireurs........................... 49

Conclusion....................................... 53

Tableaux des assauts complets.................... 59

SAINT-CLOUD. — IMPRIMERIE BELIN FRÈRES.

www.ingramcontent.com/pod-product-compliance
Lightning Source LLC
LaVergne TN
LVHW051501090426
835512LV00010B/2284